JN439287

돌확의 계절

돌확의 계절

이양근 시집

‖ 저자의 글 ‖

가을을 보내며

며칠 남지 않은 이 가을을 붙잡고 싶다. 시간은 너무 빨라 가는지도 모르게 가고 있다. 빠른 것은 세월 뿐 이랴. 우리의 영혼이 따라 갈 수 없을 만큼 변화하는 세상만사인데 나는 느림의 미학을 좋아 한다. 옛날 선비와 같이 명예와 부를 좇아 연연하지 않고 때로는 시심에 젖어 시를 쓰고 시조창을 읊으시던 나의 조부님, 나의 선친이 생각난다.

가는 계절이 아쉬워 늦가을 한 잎, 두 잎, 떨어지는 단풍잎을 되는대로 주워 모아 가을 풍경화 한 폭 그리고 싶어 '돌확의 계절'을 엮었다.

지금까지 가까이에 건재하신 은사님 김기경 소설가님께 발문을 부탁드렸다. 나의 학창시절, 문예부지도를 전국에서도 뛰어나게 열성적으로 지도해 주셨다. 경향 각지에 선생님의 제자 문인이 많이 활동하고 있다. 교직생활에 쫓기어 현실에 안주하는 나를 등 떠밀어 주신 선생님 덕택에 이 시집을 묶게 된 것이다. 그 은사님께서 지금까지 가까이에 건재하고 계시니 나는 참 복이 많다고 생각된다. 오래도록 건강하시고 건필

하시기를 기원하며 바쁘신 가운데도 발문을 써주신 김기경 선생님께 머리 숙여 감사의 말씀을 드린다. 또한 표지화를 그려준 한국화가 한상숙 조카에게도 고맙다는 말을 전한다.

선생님께서 쓰신 발문을 읽고 나서 나의 아버지 젊은 시절의 이야기를 알게 되어 너무 기쁘고 감개무량했다. 내가 너무 어려서 몰랐던 아버지의 이야기. 언젠가 선생님께서 임피 향교에서 나의 아버지에 대한 기록이 있더라고 말씀해 주신 일이 생각난다. 은사님의 선친과 나의 선친과의 좋은 인연이 은사님과 나와 사제의 인연으로 이어졌기에 나를 특별하게 여기셨을 것이라고 생각된다.

나의 아버지 (우석. 호)의 덕과 재주, 시심의 백분의 일, 아니 천분의 일도 흉내 낼 수 없는 나. 중학교 때 학교 교지, 시화전 작품을 보시고 아버지의 시심을 조금 흉내 낼 줄 아는 나를 기특하게 생각 하셨던 나의 아버지. 날씨 좋은 날 아버지 산소에 가서 참배하고 늦게나마 부끄러운 시집을 올려 드려야겠다.

시는 말씀의 종교라고 한다. 시는 세상을 여유롭게 치유하고 타이른다는 것을 이제야 조금 알 것 같다. 앞으로 세상을 부드럽게 위로하는 시 한편 쓰고 싶다.

2010년 만추에

목차

1부
바람의 집

2부
돌확의 계절

3부
오월의 산사

4부
갈매기 연가

5부
환절기

1부
바람의 집

구름다리

먼 하늘이 내려와 앉아
허공에 걸려 있는 무지개 같은 다리

산등성이로 올라가
구름다리를 건넌다.

등산로 오솔길
누가 길을 내었을 가.

바윗돌 부서지고
모난 돌 닳고 닳아서
등산객들
험한 길 오르내리도록
산은 언제부터인지
등산로를 만들어 주었다.

오랜 세월
계곡의 물길이
바위들 갈고 닦아 놓은 길
하심의 자세로 오르고 올라가 보면

가까이서 손짓하는 구름다리가 있다.

허공에서 흔들리는 구름다리는
흔들리는 사람들의 마음 같아서
앞으로 갈 수도
뒤로 돌아설 수도 없는
막막한 기로.

조약돌 같이
모난 마음을 갈고 닦아
버거운 짐 내려놓으면
흔들리는 구름다리
건널 수 있을 가.

강 · 2

봄의 끝자락
가르마 같은 길을 따라
숲으로 우거진
포천으로 가는 길

적막한 산야
산새소리도 숨어 버리고
그날의 포성도 잠들고
긴긴 날의 해도 기우는데
연천에서 만나는 강물
임진강, 한탄강 가는 강줄기
저녁 햇볕에 뒤척이며
반짝이는 잔물결이 눈부시다.

강은 말이 없으나
역사의 뒤안길로 흘러가고
강은 정직하여
아래로 아래로 흘러가서
저희들끼리 만날 줄도 안다.

바람의 집

문경새재 굽이를 돌아
희양산 봉암사
바람처럼 찾아와
국보 보물을 친견한다.

한여름 희양산 산봉우리
하얗게 타고 있는데
정진하는 스님들의 도량
대웅전 앞에
햇빛에 바래인 상사화도
정진하고 있었다.

희양산 오솔길
누가 길을 내었을 가.

한 천년 바람이 지나며
계곡 아늑한 곳에
길을 내고
바람의 집 지었다.

타는 노을 속
넓은 바위 위에 터를 잡고
법당 같은 집 한 채

맑디맑은 계곡 물소리
들리지 않는데
계곡물은 영원을 흐르고 있었다.

나무들은 바람을 잠재우고
해와 달, 별 모두를
넓은 마당에 들여 놓은 집
웅장한 마애불을 모신
숲속의 법당
바람의 집이 있다.

가을 대둔산

꽃피는 봄, 여름
뒤로 하고
고즈넉한 가을 산
명상에 잠긴다.

불타는 단풍잎
다 털어 버린
산봉우리엔
나목은 나란히 서서
앙상한 가지로
빈 하늘을 빗질하고 있다.

먼 하늘가
계절의 뒷모습이 보인다.

그 곱던 단풍잎도 보내고
아쉬움 감추는
가을 대둔산처럼

이 가을
너와 나는 왜
하찮은 일에도 마음 아파해야 하는가.

노란 손수건

무인도 백도의 바위섬 꼭대기
이름 모를 노란 꽃송이
바람에 나부끼는
그 노란 손수건
기다림에 지친 애절한 그리움이었다.

청암산 골짜기
산수유 꽃
속세를 떠난 동자 스님의
초롱초롱한 눈빛
봄날의 햇볕이 그리움을 달랜다.

봄의 전령사
노란 개나리, 민들레꽃
온 천지에 봄을 내려놓고
새날의 발걸음을 재촉한다.

지나는 산기슭에서
외로이 웃고 있는
산나리 꽃

우리들의 가슴마다
지나온 여정의 애틋한 사랑노래
안겨주고 있다.

뉴질랜드의 광야에
노랗게 피어 있는 꽃물결
캐나다의 산마루에 피는 노란 야생화도
어찌 할 수 없는 여린 영혼이 흔드는
노스탤지어의 노란 손수건인가 보다.

망초 꽃 · 1

산야에 망초 꽃
하염없이 피어있다.

주인 없는 묵정밭에 널어놓은
옥양목 홑이불
망초 꽃이 유월을 알리면
문득 반달로 뜨는 낮달

고속도로변
지나는 사람 아무도 없는데
여기저기 망초꽃밭
흔드는 하얀 깃발이
오가는 사람들
반갑게 마중하고 배웅한다.

산천초목은 푸르고 푸른데
여기저기 떠도는 영령들
하나의 염원을 위해
소리 없는 함성 울려 퍼지고
촛불 하나씩 들고
철야기도하고 있는 가.

군의 학교에서

봄의 한 가운데
봄의 햇살이
유난히 눈부신
군의 학교 운동장 가득히
오늘은
감격의 꽃
활짝 피었구나.
우리나라의 꽃
무궁화꽃이 활짝 펴
애국가 울려 퍼지는 하늘가
애국심에 울컥 눈시울이 뜨거워진다.

자랑스런 대한민국의 아들들
아니 세계의 아들들아
육, 해, 공군 푸른 제복의 군의관
오늘의 계급장을 달기 위해
얼마나 많이 노력하고
얼마나 많이 힘이 들었겠는 가.
어려운 관문을 수없이 넘어
오늘 이 자리에 서 있는

대한민국의 아들이여.

하늘의 축복이 있고
그대들을 키워주신 우리나라
산천초목까지도 축제의 날이다.

온 가족 친지들의 축하를 받으며
국방부 장관 육군참모 총장의 축사
군의 학교장의 격려사를 듣고 있다.
나라를 지키기 위해 뛰어난 의술로
국군장병들을 보살펴야 한다는
그대들의 앞날에 행복과 영광이 있기를
우리 모두 기원한다.

신도시

개구리 울음 우는
논과 밭, 연못은
전설 같은 옛이야기로
남아 있고
드넓은 대지 위에
하나 둘 빌딩이
들어서기 시작한다.

여기저기 아파트 숲이 자라고
가로수 나무도
어울리게 자란다.

여기저기 낯 선 거리
어느 날
도시의 미아가 되었다.

아득히 멀어져가는
지평선 넘어로
낮 기차처럼 달려가는
세월의 흔적이

어디에도 없다.

미로처럼 달려가는
대로변
현기증이 일어
방향 감각을 잃어버린
긴 그림자 하나.

울산바위

금강산 건봉사
성지순례 다녀오는 길

한계령 넘어
설악산 울산바위
장엄하게 솟아 있다.

유난히 짙푸른 동해바다
배경으로 하여
우뚝 솟아 있다.

서러운 서해 바다
봄 바다 같은 하늘
머리에 이고
영원히 죽지 않고 살아서
부처같이 수행하고 있다.

어느 맑은 날

구름사이로 보이는
푸른 하늘처럼
언뜻 언뜻 스치는
젊은 날의 초상

그날의 일기초 뒤적이다가
가슴 저리게 다가오는 추억
나에게 꽃 한 송이
보내준 이여.

잘 받았다는 말 한마디 없이
몇 십 년 머물다간
인생의 뒤안길에
그 마음 남아 있을 가.

이제는 모두가
지나는 발자국
지난 날 그리워하는
가엾은 우리들
고맙다 그리움이여
미안하다 그리움이여.

단풍나무

산 속의 나무는
제각기 다른 얼굴
다른 색깔로 살아간다.

사람마다 얼굴이 다르듯이
나무도 자기의 얼굴이 있다.

봄에는 가지 각색의 초록으로
일 년을 시작하더니
가을에는 색색의 단풍잎으로 치장하고
화려한 가을 산에 모여
서로서로 어울려 장관을 이룬다.

나무도 나이를 먹으며
태어난 운명대로
경건하게 살아간다.

사계절 풍상을 온 몸으로 맞으며
저마다 결실의 열매 맺고
나무는 말없이 겨울 준비를 한다.

연꽃

돌 확 속 작은 연못
황연 꽃 피어
무명을 밝혀주는
연등처럼
여름 한낮을 환하게 밝혀 주네.

동자승 맑은 마음
행여 다칠세라
바람도 조심스러워
비켜가고 있네.

천상의 여인 같은 백연
지평선 아득한 연못에서
더럽혀진 지상의 만물
깨끗이 씻어주고

관광지 연못가에
배롱나무 꽃
뜨거운 태양아래

붉게 타오르는데

홍련도 뒤질세라
붉디붉은 사랑
끝없이 피어올라
공연히 눈물 나는
칠월 한나절.

너를 보내며

우리 다시 만날 때
웃으면서 만나요.
가을 운동회 전날
전학간 아이야.

엄마와 정든 친구들과
헤어지는 아픔을 안고
작별하는
초등학교 일학년 남자 아이

뒷모습이 애처롭다.

어른의 잘못으로 상처받고
엄마와 헤어지는 슬픈 아이야.

초가을 눈부신 태양이
너의 뒷모습 따라
배웅하지만
혼자 떠나는 가엾은 아이야.

네가 떠날 때 한 말처럼
웃으면서 엄마와 다시 만나기를
운동장 느티나무
그늘에서 놀던
비둘기가 너를 따라나선다.

저어새의 명상

무인도 바위섬
저어새의 보금자리
파도와 바람을 벗 삼아
막막한 바다
긴 부리 저으며 먹이를 찾는 새.

어린 새끼 숨겨두고
가슴 졸이며 천적을 피해 돌아오지만
태풍재해로 떠내려간
저어새의 둥지
보이지 않는 어린 새
바위틈 노란 풀꽃만이
강풍에 몸부림치는데
망망대해
쉬어 갈 곳 없는 무인도
오늘은 어디에서 쉬어 갈까.

여린 깃털 저어새
노란 풀꽃처럼 떨며
저무는 망망대해 바라보며
하염없이 명상에 잠긴다.

2부
돌확의 계절

봄의 향기

겨울 잠자고 난 난초
봄이 온 줄 어떻게 알았을 가
아무도 모르게 있는 힘을 다해
꽃대를 밀어 올려 꽃을 피우고
집안 가득 향기로 채운다.

절 마당 정원에도
어디서 인지 은은한 꽃향기

흰색 자색 라일락꽃나무
마주보고 서서
봄바람에게 향기로 화답한다.

추운 겨울 인내하고
내안으로 키워 온 사랑
어떤 꽃을 피워야 할까.

졸고 있는 햇살 받으며
화려한 나비 떼 비틀거리고
고요 속에 묻히는
꽃피는 소리.

4월의 꽃향기 같이
내 안의 꽃 한 송이
그대에게 그윽한 향기가 되리.

진달래

붉디붉은 너의 마음
영원을 불사르며

그리움 몇 천리
못내 못 잊어
밤새도록 울었지.

온 산이 다 젖었지.
온 산이 다 붉었지.

마이산

사계절 꿈꾸는 마이산
꽃피는 봄
온천지 초록으로 넘치는 여름
떠날 준비를 하는 가을
동면의 겨울에
관광버스를 타고 만나는
마이산은 정답다.

장맛비 오는 휴게소에서
멀고도 가깝게 다가오는
마이산을 바라보면
비에 젖은 여름 산야가
마음을 흥건히 적신다.

숫 마이봉
암 마이봉
다정한 마이산 봉우리
마주보고 서서
영원히 변치 않을 산의 정기
머금고 있다.

언제나 긴 사색에 잠겨 있는 듯

운무에 싸여 있는
신비스런 산.

마이산 봉우리
높이 솟아올라
고향마을 지키는 수호신처럼
항상 반가운 어머니 같은 산

봄 풍경

– 일본기행

해발 삼 천여미터의 연봉
구로베 알펜루트
일본의 알프스라고 한다.

봄의 한가운데
아름다운 구로베 협곡이 누워 있었다.

만년설 옆에는 온천이 솟아나와
관광객들이 발을 담그고
일본의 새
뇌조처럼 앉아 있었다.

산 벚꽃 이파리 하나씩
잉크 빛깔 호수에 내려오고
나무들은 저마다 다른
봄의 색깔로 치장하고 있었다.

연봉과 연봉을 잇는 교통수단
전동차역은 조용한 시골 정거장인데
봄비가 봄 산을 적시고 있다.

돌확의 계절

거친 돌확 속
작은 연못 속에 일상이 있다.

고풍스런 마당가
작은 연못 속 수련이
영롱한 색깔로
환하게 밝혀주고 있다.

돌확 속 연못엔
홍련, 백련, 황련의
사계절이 있다.

작은 우주인양
맑은 정화수 가득 담아 놓고
사시사철
해와 달과 별을 맞이한다.

때로는 바람을 불러
세월을 보낸다.

그 작은 연못
송사리, 미꾸라지, 우렁이와
정답게 사는
청개구리의 공화국
나뭇잎 더불어 떠나는 가을을
차마 붙잡지 못하고
동면하는 계절을 준비한다.

늦가을에

문틈으로 들어오는 가을바람
어느새 가슴이 시리다.

대지의 체온 아직 따뜻하고
가로수 낙엽은 지지 않았는데
멀어져 가는 하늘과 지상 사이

두 어 장 밖에 남지 않은 달력
나목 같은 벽에
단풍잎처럼 매달려 있다.

추수를 끝낸 들녘 같기도 하고
텅 빈 항아리 같기도 한 공허

겨울이 재촉하며 오고 있는지
들판의 노란 벼가 추수를 기다린다.

오는 듯이 가는 가을의 뒷모습
세월의 무게가 무겁다고 한다.

뻐꾸기 · 2

그 봄날
뻐꾸기
시골 분교에 와서
새봄을 노래하고 갔었다.

해마다
뻐꾸기
폐교 된 본교 운동장에
온통 봄의 발자국
찍어 놓고 간 뒤

아이들이 뛰놀던 교정에
풀들이 아이들 대신
운동장을 메우고

오솔길 따라가는
뻐꾸기 발자국 따라
논에는 자운영 꽃 만발 했다.

겨울날 · 2

바람 한 점 없는
겨울날
밝은 햇빛이 적막을 적신다.

덕진공원 문학비 위에
따스한 햇살 멈춰 있고
광활한 덕진연못
지금 동면중인데
겨울 한낮은 적요하다.

무성한 초록 연잎
홍연 꽃 장관이던
지난여름
연못 속에 간직하고

꽁꽁 언 연못 위로
겨울 철새 한 마리
지난 계절 잔해를 헤치며
한낮의 적막을 쪼고 있었다.

겨울 한 가운데
연못은
동면이 아닌 일상이 지나고 있었다.

봄날의 대화

봄의 한가운데
신록은 끊임없이
행진 하고 있다.

우리들은 계룡산 동학사에서
신록과 어우러져
신록과 함께 행진한다.

가도 가도 끝없는 푸른 숲
가슴이 붉은 한 마리 새인 양
숲 속을 나는
마음이 된다.

오랜 만에 만난
총동창회 회원 들을 만나
옷깃을 스치고
숲은 계곡 물소리와 도란도란
이야기 나누고 있다.

산사 행자 스님도
자연의 일부가 되어
등산객처럼
신록과 걸어가며
봄날의 대화중이다.

봄비 · 4

지금은 귀가하는 가족을
기다리는 시간
창밖에 인기척 소리 들린다.

누구의 발자국 소리인가
우리 집 초롱이 소리도 들린다.

누구인가 문밖을 내다봐도
아무도 없는데
밤비가 내리고 있었다.

애타게 기다리는 감로수인양
목마른 대지를 적시는 비
오늘은 웬일인지
애절하게 추적거리며
봄비가 오고 있었다.

나무의 말 (봄)

동이 트는 새벽
고속도로변에서
새로운 인연
희망의 봄
시작의 봄
아름다운 만남이
기다리고 있었다.

부드러운 햇살
부드러운 봄비를 맞으며
나무는 연초록 새싹을 틔우고
우리 아이 어렸을 적
어여쁜 언어를 속삭이고 있었다.

봄의 날개를 단 바람이
북상하고 있는데
태양을 잉태하기 위해
동녘하늘은 주황색 물감
풀어 놓고 있는데
마침내 찬란한 태양은 솟아오른다.

나무들은 일제히 연초록 봄빛
짙게 물들이고 있었다.

나무의 말 (여름)

초록물결의 바다
출렁이고 있다.

이 세상 온 천지
너와 네가 모두
서로서로 어깨를 겯고
힘차게 나가자.

강렬한 태양을 향하여
눈부시게 반짝이고 싶어.

창공을 향하여
두 팔 힘차게 흔들고 싶어.

우리의 꿈나무들
용솟음치는 함성
울려 퍼진다.

나무의 말 (가을)

가을 산 위에 올라
단풍나무를 보면
한생 동안
쌓은 공덕
나뭇잎에 물들이고
저마다 일 년의 열매
풍요한 내일을 위해
내려놓았다.

봄, 여름 아름답던 꽃피는 시절
꼭 한 번뿐인 계절
엊그제 지나간 흔적을 찾아서

모두를 내려놓고
수심모를 맑은 공허 속
무소유의 자유를 위해
이 가을
떠날 차비를 하고 있다.

나무의 말 (겨울)

한 생애 쌓은 업
나루한 옷을 벗고
오늘은 맑은 강심이 되어
하늘을 우러르네.

모두를 비우고
이리도 맑은 적막
겨울 저녁
산사에 서서
지난 계절 생각하면
성찬의 함박눈이
밤새도록 덮어 주네.

봄, 여름 꽃보다
더 아름다운 순백의 꽃
흐드러진 이 산사.

3부

오월의 산사

남해의 보리암

잔잔한 남해 바다
남해섬 금산 보리암에 와서
오월의 신록을 걸쳐 입고
기암절벽 위에 자리 잡은
아름다운 관음성지를 보았다.

여기에선 때 묻은 욕망
남루한 오만의 짐을
내려놓아도
발걸음이 무겁겠다.

마지막 봄비
부슬부슬 내리는데
누군가의 목소리
다정하게 들리는 양
소리 없이 금산을 적신다.

푸른 하늘인가
옥색 바다
보리암 앞바다는 연못인양

작은 섬들은 연꽃처럼 피어올라
관음성지
여기 암자에 오르면

모든 시름 잊고
안락의 환희에 젖는다.
성스런 금산의 품에 안겨
신록처럼 고운 꿈을 꾼다.

마이산 벚꽃

꽃샘추위에 웅크리며
꿈꾸고 있었는지
봄바람이 와서 흔들고
봄비가 오락가락하는데
늦잠에서 깨어나
눈비비고 있구나.

봄 마이산
산기슭은 화사한 비단치마 두르고
오는 이, 가는 이
상춘객 불러 모아
봄의 주인공인양 자랑하고 있더니

어느새
하르르 흩날리는 꽃비
바람같이 강물같이 흐르고 있구나.

봄의 부석사

영주 부석사 가는 길
봄이 무루 익어
온천지 감미로운 바람이 인다.

부석사 무량수전
백팔계단 차례로 오르면서
몸과 마음도 가볍게
일상을 잊는다.

태백산 부석사
무량수전 현판 바라보면
허물없는 이 없으리.

국보인 소조여래좌상 참배하고
늦은 봄 햇살이 눈부신
경내를 친견하는 곳마다
국보나 보물이다.

의상 대사님 지팡이
꽂힌 자리

선비화 노란 꽃
피어 있어
지극한 선묘의 사랑

전설이 되어
꽃잎에 어리어 있다.

상사화 · 2

산사 대웅전 앞
영원을 산 것 같은
한 아름 상사화
고즈넉한 절 마당
합장 하고 앉아서
타는 듯 뜨거운 태양아래
기다림의 꽃 피워 무엇 하리.

고행의 기다림도
잠간 벗어 놓고
회오의 말씀도 묻어 둔 체
서리서리 쌓아 둔
나만의 속마음 풀어 놓은
인연의 강물 흐르면 그만인데.

봄의 언덕

이른 봄 산사에 올랐더니
동백꽃 붉은 마음이
봄의 언덕에 나와
따스한 봄바람과 함께
상춘객을 환영합니다.

양지바른 절 마당
노란 수선화도
어느새 봄을 맞이하고
그리운 임을 기다립니다.

상주사 도량
언제나 가만히 있어도
사시사철 계절이 와서
곱게 물들이고
청정한 빈 마음을
붉은 동백꽃
노란 수선화 꽃이
가득 채워 줍니다.

오월의 산사

푸른 오월 한낮
문수산 축서사에 와서
봄의 얼굴을 보았다.

대웅전 뒤 문수산은
거대한 독수리가
날개를 펴고 비상하는
수채화 같은 병풍으로
문수사를 둘러싸고 있었다.

시간이 정지 한 듯
고요하고 고요한 산사
간간이 들리는 풍경소리
뻐꾸기가 화답하고
뻐꾸기와 대웅전 풍경이
속삭이듯 다정하게
대화하는 한낮

바람은 한가롭게
나뭇가지에 앉아 있었다.

법당 아래 약수터
물소리도 조심스러워
소리 죽여 흘러내리고 있었다.

계룡산에서

청산은 언제나 변함없이
중생들을 품어 안고
태고의 신비 간직하고 있다.

일 년이란 시간이
신록의 잎에 묻어 반짝이고
작년과 똑 같은 풍경이 되어
고향 같은 숲에 안긴다.

공주 갑사 초입에서
제각기 그리는 포물선 던져두고
감회에 젖어 있었다.

앞뜰에 핀 벚꽃이 생화 같고
때 늦은 매화꽃이 조화 같은 착각
그러나 자연은 변함이 없고
산은 산인 채 말이 없는데
여기 모인 우리들만
나무들의 나이테와 닮아 있었다.

해와 달이 가는 길 따라
저마다 바람처럼 강물처럼
우리는 산문을 나오고 있었다.

봄비 · 5
– 일본기행

일본의 명산에 올랐더니
우리나라 설악산을 닮은
높은 산봉우리
만년설 가까이에
봄이 와 있는데
하늘 가까이서
봄비를 만난다.

살아 있는 것 모두에게
축복을 내리듯
자비의 손길처럼
어루만지듯이
조용히 봄비가 내린다.

죽어서 잠자는
잔돌까지도
어여쁘게 다독이며
아픈 상처 치유하듯
하늘 가까이서
봄비가 내린다.

무량사의 봄빛

봄의 일주문
들어서니
온 도량은 묵언 수행중이고

진묵대사님의
전설이 서려있는
극락전 아미타 부처님
불심을 눈 뜨게 하시고
고즈넉한 산사는
동안거 끝나는데

무량사 겨울나무도
동안거 끝내고
봄볕을 쬐고 있었다.

천왕문과 당간지주 더불어
오랜 세월 묵묵히
우뚝 선 수호신으로
몇 천 년 나이테를 감고 있었다.

무량사 봄빛을 두르고
돌아오는 길
시냇가 버들가지도
무량사의 봄빛으로 물들고 있었다.

시월

팽팽하게 마른
새로 바른 한지 문짝 틈으로
채에 받쳐진 고운 바람결이
유난히 밝은 시월 햇살 비집고
방안으로 들어온다.

가슴 시리게 스며드는
서늘한 바람결
금년의 종착역을 앞두고
간이역에 도착한 시점을 알린다.

산사 대웅전 풍경소리
깊은 계곡 물소리
가을 하늘처럼 맑아지고
시월 하늘 저편에
붉디붉은 단풍으로 물든 산

가을 햇살이 눈부셔
국화꽃 향기가
향수에 젖게 한다.

운문사 사리암

호거산 운문사 사리암
오르는 길
험난한 고행길이다.

높은 산봉우리 위에
구름처럼 앉아 있는
작은 암자.

스님이 수행을 하듯이
정상을 향해
하찮은 오만도 버리고 올라간다.

이제 막 떠나려는 가을
마지막 혼신을 다해
가장 아름다운 색
비단옷으로 치장하고
다비식을 하고 있는
타 오르는 단풍의 산골짜기

산 아래 내려다보면
낙조 하는 강변처럼
노을빛으로 타오른다.

골짜기 오솔길에서
산 위를 쳐다보면
아득히 먼 하늘이다.

비탈길 오르고 오르다
너무 지쳐 잠간 쉬고
앞서거니 뒤서거니
사리암에 올라선다.

간절한 기도소리
하늘위로 울려 퍼지고
고요한 적멸이 바람을 적신다.

인생의 오솔길
정상에 오르는 길은 멀어도
내려오는 길은
가깝고 쉬운 일이다.

난분

올해도 입춘 무렵
난향이 가슴속 깊이 스며든다.
일 년 내내
온 힘을 다하여 성장하고
아무도 몰래
튼실한 꽃대 올려 보내어
그토록 아름다운 향기
집안 가득 채운다.

난의 숭고한 마음을
오묘한 향기로 표출하다니
향을 싼 종이는
향기가 묻어나듯
난의 마음과 같이
향기 있는 꽃을 피우는
내안의 난이 되어야 하리.

장마 그 후

장맛비 오락가락
스산한 바람 몰고 오면
엊그제 길고 긴 해,
하지가 꼭짓점 찍고 나서
장마가 끝나면
사정없이
연례행사처럼 몰려오는 태풍

어느 날 고추잠자리
허공을 빙빙 돌면
하늘 문 열리고
누가 오고 있는 가
어느새 추분이 얼굴 내민다.

가평역에서

영원히 변치 않을 것 같은
먼 여름에 서서
숲은 유록색 향연을 펼치고 있습니다.

우리는 몇 십 년의 긴 세월을
배낭 속에 접어 넣고
고속 열차를 탔습니다.

열차가 잠깐 정차하는 역마다
십년 세월의 마디인양
몇 번 정차하고 종착역에 왔습니다.

오랜 세월의 강 너머
재회한 당신의 대학 동기동창 부부들
가평역 플랫폼에 모였습니다.

가평역을 스치는 바람은 변함이 없고
젊은 날의 꿈과 이상
던져둔 포물선
이제는 먼 여정에서 돌아와

강물처럼 풀어 놓고
여름 산등성이의 산나리 꽃처럼
정답게 모여 앉았습니다.

잔잔히 흐흐는 바람의 길 따라
용추 계곡 숲속에 안겨
소나무 가지에 앉은 한 마리 학처럼
앉아 있는 당신들
세월의 강은 흘러도
대학시절의 진한 우정은 짙어만 갑니다.

서로가 서로를 얼싸안고
옛 추억을 불러 모아
모닥불 피워 놓고
유성처럼 흘러가는
흥겨운 캠프파이어시간
영원히 잊지 못 할 추억입니다.

푸름이 천지에 철철 넘치는데
우리는 지난 여정을

엊그제처럼
시공을 넘나들고 있었습니다.

4부
갈매기 연가

오후의 침묵

현관문을 열면
나의 손길 닿은 세간사리
일제히 쳐다보며
나를 반긴다.

방마다 창문을 열고
시민 공원에서 불어오는
바람을 가득 채운다.

베란다 창문으로
넘치게 들어오는
성하의 푸른 숲
투명한 햇빛이
고요를 적신다.

이 고요와 내 마음이 만나는 시간
지금은 내 안의 눈빛으로
대화하는 시간
언어는 차라리 짐이 되어
부재하는 시간

내 영혼과 한줄기 바람으로
나를 찾는다.

선영에서

고향마을 뒷산은 아버지의 선산
윤사월 길고 긴 해
선영에 와서 잡초를 뽑는다.

잡목 우거진 야산
해와 달, 바람이
산속의 가족이 되어
구름을 벗 삼아 영원을 사는 것 일가.

산새 소리 간간이 적막을 깨고
풀잎들의 축제가 한창이다.

보석리 선영 아래 마을도
잠자는 듯이 조용하다.

전주이씨 익안대군파 집성촌인데
지금은 낯선 얼굴들이 많고
마을길은 시내버스가 오고 간다.

젊으셨던 아버지께 들은 이야기
일제 강점기의 수탈

육이오 전쟁 때,
공산당의 만행
전설처럼 역사의 뒤안길에 남아 있고

빈집 울안에도 계절은
차마 그냥 갈 수 없어
감나무에 주렁주렁 감꽃을 달아 놓는다.

마을 앞엔 서해안 고속도로가
산맥처럼 자리 잡고 있다.

풀꽃을 흔드는 바람처럼
산소의 잡초를 뽑으며
우리도 봄날의 풍경이 된다.

풀꽃

황무지 빈터에
어디서 날아 왔을 가
풀씨는 당당하게
풀밭을 만든다.

여기저기서 모여든
아파트 촌 같이
제각기 다른 이름의 잡초
때로는 저희들끼리
집성촌 이루며
의좋게 터를 늘인다.

갖가지 다른 이름의
잡초 속에서
즐겁게 홀로 사는
작은 풀꽃
너의 이름은
무엇이냐고 묻고 싶다.

키가 작다고
꿈 하나 없겠는가.

어느 날 앙증맞은 파란 꽃
풀꽃의 꿈이 피어났다.

크고 화려한 어느 꽃보다
더 고운 꽃
너는 잡초가 아니고
너만의 이름이 있는
생명의 꽃이다.

물의 길

1

그 계곡
물의 길이 하나 있다.

가장 높은 곳에서 시작한 물줄기
아래로 흘러 내려가면서
모이고 모인다.

해와 달도 만나고
계곡의 나무들과 인사 나누며
쉴 새 없이 흐르다
정신없이 아래로 곤두박질하기도 한다.

달은 시냇물을 건너다 늪에 빠지고
시냇물 차마 내려가지 못하고
서성이다 할 수 없이 호수로 간다.

2

생명을 이어주는 한 모금의 물
합치고 합치면 위대한 힘이 된다.

자연의 섭리에 순응하고
거역하지 않으며
풍진세상 티끌도 씻어 준다.

물은 다시 태어나 지상에서 만나듯
우리도 물처럼 길을 만들고
세월 따라 흐르다 보면
너와 내가 어디에서 다시 만날 가.

바다의 날

제1회 바다의 날
오늘은 5월 31일
군산 외항은 서해바다의 등대이다.

파란 하늘에 나부끼는 어드벌룬
축하 비행 쇼
맑은 바닷물엔 윈드서핑
파란바다와 파란 하늘이 손을 잡고
길이길이 이어질
내일의 찬란한 역사를 약속하고 있었다.

잡힐 듯이 가까이 떠 있는
크고 작은 섬들
많은 이야기 안고 있는
우리들의 분신 같은데
거대한 외국 선박들이 들어 와
정박하고 있었다.

갈매기 떼 힘차게 날아오르며

오늘은 유난히도 설레는 날갯짓
서해 바다 하늘 높이 날아간다.

오늘이 군산항의 전설이 되어
세계의 중심이 되는 내일이 되리.

방생 · 2

대지진이 강타한 아이티나라
아이티 나라 돕기 모금함이
법당에 놓여 있었다.

어느 날
모금함이 보이지 않는다.
한시적이라도
있다가 없으면 섭섭하다.

서운하고 안타까운 마음을 모아
간절한 기도로
방생을 한다.

가스피해 아이티로
멀리 사랑을 보낸다.

사랑은 놓아 주는 것인가.
띠뱃놀이 배를 띄우듯이
내가 띄운 배가
어디쯤 가고 있을 가.

금강호

강물은 미풍에도
잔잔한 물살을 지으며
한 무리가 되어 흘러간다.

철새들도 떼 지어
한 무리가 되어
파도를 따라 밀려가고 밀려온다.

봄 강물 파문이 일어
가만히 있지 않고
바람결 따라 일제히 흘러가듯
사는 일도
여리고 여린 마음에
파문이 일어
물결 따라 흘러가는 것인가.

바람은 강물에 물결을 짓고
물결 따라 철새들은
한가하게 왔다 갔다 한다.

칠월의 현충탑

장맛비 사이로
아침 하늘이 열립니다.
고추잠자리 떼 지어
옥상 위를 가득 메우고
상서로운 비행을 합니다.

오늘은 칠월 십일
고 노무현 대통령 사십 구제일입니다.

은파관광지
국립군산사범학교 현충탑 앞에서
추모식을 거행하는날.

육이오 전쟁에 참전한
순국 동문들을 기리기 위해
전국에서 총 동문들이 모여
엄숙하게 추모식을 거행합니다.

산야의 짙은 초록 속으로
추모의 군악대 연주곡이

장엄하게 울려 퍼지고
칠월의 숲도 경건하게
호국 영령들의 명복을 빕니다

영령들이시여,
당신들의 값진 희생으로
우리나라는 경제대국으로 발전하였습니다.

여기 광장을 빈틈없이 가득 채운
동문들은 영령들께 진 빚을 갚기 위해
아름답게 살 것입니다.
부디 극락왕생하소서.

충만으로 가득 찬 칠월의 산야에
하늘의 뭉게구름도
현충탑 위로 내려와 앉았습니다.

새만금 방조제에서

금강 물 오랜 역사
영원히 흘러내려
백제의 혼을 담아
굽이굽이 흘러간
서해 바다에
서리서리 쌓은
우리 민족의 얼
산이 되어 솟아 있다.

동진강 만경강
아리랑의 호남평야
서러운 물줄기로 거두어
씻어 내려갔던가.

19년의 대역사
물막이공사
세계 최장거리
새만금방조제
위대한 대장정이여.

군산앞바다는
고군산 군도
기다림의 내일을 위해

어머니 사랑으로 품어 안고
봄바람처럼 속삭이더니
바다는 깊은 것만이 아니라
우리 모두의 염원의 길도
기꺼이 내어 준다.

우리나라의 중심지
아니 세계의 중심지로 달려갈
새만금 방조제
억만년 쉬지 않고
길이길이 달려가리.

보아라, 맑은 물살로 파도치는 서해
오늘도 약동하며 흘러간다.

망초꽃 · 2

유월 어느 날
아카시아 꽃
수줍은 얼굴 내밀고 있었다.

초여름
티 없이 맑은 날
바람은
망초 꽃을 피우고 있었다.

바람이
초록빛 산야에
하얗게 쏟아 놓은 그리움

유월의 산야는
한이 있어 떠도는
슬픈 영혼을 위해
기도하고 있는 중

하얀 망초 꽃
그리움 어찌할 수 없어
잔잔하게 흔들고 있다.

갈매기 연가

금강물 굽이쳐 흘러
여기 백제의 땅 적시고 돌아
전설처럼 슬픈 역사와 함께
대대로 이어 가고 있다.

금강물 서해로 여울져 흐르다
잠시 머뭇거리며
서운한 이야기 남아 있는 듯
해망동 강가에서 서성인다.

월명산 수시탑에 오르면
선착장에서 불어오는
비릿한 바람결에 실려 오는
아프게 닥아 오는
채만식의 탁류여.

만선의 깃발 펄럭이고
장항 여객선 뱃고동소리가
가슴 적시던
회한의 연가.

갈매기와 더불어
영원히 살아 갈
해망동 바람의 날개여.

갈매기의 자맥질에 묻어나는
너와 나의 사랑노래
영원토록 울려 퍼지리.

선유도

멀리 두고 그리워하는
고향 같은 섬

추억 속에 두고
어쩌면 때로 생각하는
가까이 다가 설수 없는 그대인가

유람선 타고 멀리서 바라보아야
더 아름다운 섬

하염없이 파란 바다가
밀려 왔다 밀려가는
해수욕장 백사장

마을 가까이
바닷물이 잔물고기떼 몰고 오는데
솔바람 언제나 바닷가에 머물고
태곳적 적막이
선유도를 지키고 있었다.

고속도로

이른 새벽에 깨어 있는
안개 낀 고속도로
여명의 빛 속에
고속 도로변 산등성이도 깨어난다.

동면에서 깨어난 나무들
봄을 맞이하기 위해
부드러운 가지를 흔든다.

새로운 삶을 시작하는
눈물겨운 겨울나무들
물이 오른 나뭇가지에
봄빛이 보이는데

새로운 여정을 위해
네비게이션 안내로
조심스럽게 낯선 길을 달린다.

분기점마다
안내하는 이정표 앞에서

낮 선 두려움 안고
판단을 잘못하면
시행착오로 길을 묻는다.

우리가 산다는 것은
어디를 가고 있는 것인가.

지극한 마음으로
세월의 고속도로를 달리고 있는 것인가.

파도

성난 파도는
스크랩을 짜고
아우성치며 달려온다.

방파제에 부딪치며
사정없이 부서지는 포말
도망치 듯 물러나다
무릎팍 깨지며 돌아선다.

누가 기다리는지
수시로 왔다가
여운만 남기고
사라지는
아쉬운 만남과 헤어짐.

5부
환절기

비오는 밤

저무는 도시의 포도에
밤비가 내린다.

하루치의 삶의 고달픔
모두 잠재우고
비는 수직으로
아스팔트길에 꽂힌다.

빗속을 달리는 자동차
어둠을 명멸한 채
눈부신 불빛 깜박이며
인정사정없이
과속으로 달린다.

한 마리 작은 새처럼
집을 찾아가는 우산들

비 오는 밤
줄기차게 내리는 빗소리가
자장가처럼

우리들의 둥지 속을
아늑하게 잠재운다.

시간

저문 날
강가에 서면
겨울 강을 덮는 눈송이
흔적도 없이 스러지네.

좋은 일 나쁜 일
물결 속에 묻고
시간은 벌써
저만치 가버리고

이제, 그날로
다가서지 못 하고
돌아 야하는가.

오늘

지난 삼월은
가슴 저리게 허무하고
꽃피는 사월은
눈물겹게 아쉬운데
돌아올 오월은
가슴 설레는
기다림이어라.

어제가 오늘이고 내일도 오늘인가.
어제는 오늘을 위해 지나고
내일은 오늘을 위해 기다리리.

한 생도 오늘의 흐름
오늘은 한없이 아름다운 것
오늘도 시간은 아무렇지도 않게 가고 있는데
오늘을 아름답게 살아야 하리.

찔레꽃

산은 산마다 그윽하다.
산은 산마다 찔레꽃이 핀다.
산 속 오솔길 따라
하얗게 핀 찔레꽃

봄이 오면 온다던
흰옷 입고 오는
그리운 이를 기다리는
그도 외로운 사람

골짜기 시냇가
하얗게 핀 찔레꽃
누구를 기다리고 있을 가
흐르는 물소리 벗 삼아
적적하지 않은가 보다.

푸른 오월 하늘에
여운을 남기고
날아가는 산새가 있어
긴 봄날 하루해가
저적하지 않은가 보다.

첫눈이 내린 다음날

밤새 몰래 첫눈이 내린 다음날
소북이 쌓인 눈밭에
노란 은행잎이
바람에 날려 쌓여 있다.

더 이상 버틸 수 없어
모두를 벗어버리고
해탈의 자세로 서서
잔가지를 흔들고 있다.

되도록 모두를 벗고
많이 비워서
내일을 준비하고 있다.

나목처럼
이 해의 남루를 버리고
작은 마음의 빚도 청산하고
가벼운 내일을 준비하고 싶다.

추석 보름달

가장 밝고 맑은
너와 나의 마음
가장 크고 간절한 바램
가장 큰 기원으로
보름달을 바라본다.

하늘도 맑고 바람도 맑은
푸르기만 한 가을 밤
추석 보름달
오늘은 모든 이의 마음에
환희의 보름달이다.

너무 충만하여
부풀어 터질 것 같은 넉넉함
달이 기울듯이
만물은 조금씩 기우나니
추석 보름달의 마음을 담아
너와 나의 사랑을 기원할 일이다.

뻐꾸기 · 1

해마다 봄이 오면
잊지 않고 찾아오는
어릴 적 들었던
그 목소리 변함이 없고
지상의 슬픈 이야기
위안해 주는 풍경소리.

섬 · 3

막막한 바다 위에
점점이 떠있는 섬

맨 먼저 깃발을
꽂은 이 누구일가.

바위 섬 기슭에 둥지 틀고
물새처럼 사는 마을

여름 월명산

월명산 끝자락에
가부좌로 앉은 사찰
여름이 한창인데
월명산 정기 품고 있어
산바람 강바람 오가며
이 도량을 지켜주네.

신중기도 법회가
끝나는 날 정오무렵
오랜만에 월명산
올라가는 등산로
수시탑, 조각공원, 배롱나무
빨간 꽃이 반겨주네

언제나 정다운 산
세월을 잊고 있고
등산로 발아래엔
눈이 빨간 산비둘기
먹이를 쪼다말고 생각 난 듯
구구구 고요를 깨고 있네.

환절기

1

여름의 끝자락과
가을의 문턱사이

낮에는 쓰르라미
짧은 한생 마지막을

이승의 피울음
날 저물도록
목이 쉬고 있구나.

2

가을의 초입인지
환절기의 간이역

저녁이면 귀뚜라미
가을의 전령사여

열대야 설친 잠을
창가에서
지새우고 있구나.

화개장터

1
섬진강 하동에 와서
재첩 국 점심식사를 하고

봄비 오는 화개장터
옛날 시골 장터에 왔다.

지척인 쌍계사 연등축제
석가탄신일 법회 하는 날.

2
옛날의 정한이 묻혀 있는
정다운 이들 어울리는 장터

지리산 봄나물 산 냄새
온몸으로 젖어본다.

옛날의 한이 서린 주막집
빗물처럼 첫여름이 흐른다.

구름

비바람 쏟아내고
가벼워진 하늘가

흰 구름 두둥실
쪽배처럼 떠서가네

추억의 뒷동산 들국화
파란 하늘에 피었네.

지는 벚꽃

왔다가는 봄의 계절
언제 갔는지 몰랐는데

한차례 봄비 온 후
눈처럼 떨어진 벚꽃 잎

벚나무 잎, 봄의 뒷모습 쫓아
숨 가쁘게 오는 여름.

새벽시장

어둠이 가시기전
환한 가로등 불빛
일 년 내내 날마다
새벽시장 열린다.
산과 들 바다 냄새
물씬 젖어드는 새벽녘.

철따라 자연 사랑,
시골 아낙네의 정성
나태한 이들에게
삶의 의미 일깨워 주는
산국화 꽃다발이 화사한
우리 일상의 언저리.

‖ 발문 ‖

사제지간의 인연

김기경(수필가 · 소설가)

나는 시인도 문학평론가도 아니다. 애초에 시를 쓰기 시작하여 시로 등단하고 시집 가로수를 발간하기도 했으나 방향을 바꾸어 수필로 '월간문학'에서 등단했고 뒤늦게 소설이 쓰고 싶어 '문학세계'지에 소설로 재 등단한 위인이다. 이제 시와는 거리가 멀어졌고 시에서 손을 뗀지 40여년이나 흘렀다. 그러한 나에게 초임시절의 제자인 이양근 시인이 제3시집을 발간하겠다면서 발문을 써달라고 부탁하였다.

그 때 나는 '문학세계' 지에서 명작가선 2010년 한국을 빛낸 문인 소설사화집을 발간한다는 원고청탁을 받았기에 소설 구성에 몰두 하고 있던 중이었다. 소설가가 서툴게 명작시집을 해설한다는 것은 웃음 거리가 될 것 같아서 실로 난감했다. 일언지하에 거절하고 싶었지만 그동안 나에게 베풀어준 인정이나 각별한 정분의 사제지간임을 생각해서 차마 거절할 수가 없었다. 내 분야가 시 부문이 아닌 줄 알면서도 나에게 귀중한 과업을 부탁한 것이다. 경향 각지에 훌륭한 시인이나 문학평론가가 부지기수이다. 자청해서 써주겠노라는 사람도 있을 것이다.

이제 이양근 시인도 연륜이 원로 시인 구릅에 들어 갈만한 시기가 된 것 같다. 작품이 월등해서 시문단의 금자탑이라는 세평도 좋았다. 그런 시인이 굳이 나를 찾아 온 것은 옛 스승에 대한 예우임을 직감한다. 그래서 나는 해설은 감히 할 자격이 없으니 수필 식으로 지난 여정에서 사제지간으로 교육자의 길을 걸으며 문학을 한다는 공통점에서 아는 대로 서술하겠노라고 응답했다.

이양근 시인과 나의 인연은 오래 전 두 사람의 아버지 시대부터였다. 나의 선친 김광일(金光一) 옹과 이양근 선친 이복순(李福純)옹은 임피 향교에서 교우를 맺고 장의(掌議)와 유사(有司)를 번갈아 맡으시며 친해지셨다. 우석(又石)이복순 선생님은 11년 연상인 우리 선친께 선생님이라고 호칭하셨다.

두 어른은 호남지방에서 인지하는 한학 석학 이었으며 성리학을 논하는 한시(漢詩)인이시다.

우리 선친께서는 한말 때 정칠품 홍문관 박사가 되었다가 을사보호조약으로 나라가 망하자 사퇴하고 방약합편을 편찬하여 전국적으로 이름을 떨친 명 의원 황필수의 문하에서 한의학을 배우시고 귀향하여 인술을 베풀며 간간이 임피향교에 출입하셨다. 그 당시는 소위 양반급이나 향교에 출입할 수 있었다. 여기에서 향교를 관장하는 성리학자이며 서예가인 이양근 시인의 선친 우석(又石)선생님을 만나게 되었다고 하셨다. 우석 선생님은 체구가 건장하고 전주이씨 양반가문의 후손답게 귀티있는 미남형 인물이었다. 또한 식자가 훌륭하여 따라올 사람이 없어 모든 향교 출입자로부터 존경의 대상이 되었었다. 우석 선생님은 사서삼경을 독파하여 호남일대에서 그를 능가할 인재가 없었다고 한다.

조선이 망하지 않고 존속되어 과거 제도가 있었더라면 능히 장원 급제하여 벼슬길에 올랐을 것이었다. 그 어른이 이율곡의 성리학을 논할 사람은 우리 선친 밖에 없다고 하셨다. 우석 선생님은 타고난 자비심이 강하여 젊은 시절 고향마을 보석리를 위해 사재를 털어서 좋은 일을 많이 하신 분이다. 일제강점기에 고향마을 사람들을 지키기 위해 일본사람들이 착취한 곡식, 마을 사람이 내야할 것도 내주었다고 한다. 우석 선생님이 이십여 년 전 타계 하시어 장례식 때 보석리 제실에서 노제를 성대히 지내어 모든 사람들이 뜻밖의 일이라 놀랐었고 부럽다고 했었다. 역사상 처음 있는 일이고 앞으로도 그런 일은 없을 것이다.

이양근 시인이 발간한다는 시집 제목이 '돌확의 계절' 이라고 하여 문득 일찍이 좋은 인연을 맺은 우석 선생님의 모습이 생생하게 떠오른다. 내가 중학교에 다니던 어느 날 우석선생이 절구통만한 돌을 실은 소달구지꾼을 인솔하고 우리 집에 찾아 오셨다. 마을 장정들을 동원하여 약방 앞에 내려놓았다. 약방에서 필수품인 돌확이었다. 석질이 단단한 철분석 한가운데를 석자나 깊숙하고 오목하게 파서 절구를 만든 것이었다.

"선생님께서 한약제조에 필요할 것 같아서 싣고 왔습니다."

"저런, 이공, 어디에서 이 귀한 돌확을 구했는가? 천량을 주고서도 못 사는 귀중한 것이네."

"폐쇄된 고가에 묻혀 있는 것을 발견하였습니다. 필시 물레방아의 부속이 아닌가 싶습니다."

"고마우이 참으로 감지덕지하네."

아버지는 머슴을 시켜 약주를 받아오라고 하시고

닭을 잡아 칙사 대접을 하셨다. 나를 불러 인사를 시키셨다.

"공손히 절 하여라. 우리나라에서 이 어른을 따를 만한 성리학자가 없느니라."

나는 공손히 절을 올렸다.

"허 잘 생겼구나. 몇 학년인고?"

"중학교 3학년입니다."

"공부는 잘하는가?"

"예, 반에서 1,2등을 하고 있습니다. 그러나 한문은 서툴러요."

"그러겠지. 학교에서는 우리 말 한문은 가르치지 않으니까. 시대에 따라 나도 새로 신학문을 공부할 생각이다."

두 분께서는 얼큰한 술기운으로 북을 내놓고 장단을 맞추어 시조창을 부르셨다.

"태산이 높다하되 하늘아래 뫼이로다. '청산리 벽계수야 쉬이 감을 자랑마라,"
등 옛 평시조를 대창하셨다.

이제까지 목 절구통에 약제를 빻던 것을 돌확에 살모사나 숙지황 당귀 맥문동 등을 넣고 쇠공이로 찧으면 흩어지지 않고 잘도 빻아졌다. 아버지는 돌확을 깨끗이 씻고 닦아서 무척 소중하게 아끼셨다.

1952년 임피 향교의 전교(典校 교장급)를 하신

우석선생님은 나의 선친 건송(件松)옹과 공저 시집 임황음사시집을 함께 편집하고 공동발행인이었던 것으로 보아 두 분의 친교 관계를 짐작할 수 있다. 두 분의 대작시도 있었다. 나는 선친께서 돌아가신 후에 군산사범학교 사무관으로 재직하고 계신 우석 선생님 댁을 찾아가서 그 시의 해설과 유래를 들었다. 그 책을 나의 장남에게 물려주어서 서울에 있으므로 여기에 기록 할 수 없음이 아쉽다.

그 후, 나는 고향을 떠나 대학에 다닐 때까지 한 번도 우석 선생님을 뵙지 못했었다. 그 당시에는 우리나라에서 사범대학은 세군데 뿐이었다. 서울사범대학, 대구사범대학, 공주사범대학이었다. 나는 공주사범대학을 졸업하고 군산사범학교 교사발령을 받았다. 사범대학 출신은 우대를 했다. 사범대학이나 사범학교는 국비 장학금을 받고 졸업했기에 당연히 의무적으로 발령을 받아 교사직에 종사해야 했다. 사범학교는 취업걱정이 없어 인기가 최고여서 수재들만 모여서 경쟁을 할 만큼 입학시험이 어려웠었다.

내가 부임한 첫 날 운동장에서 전교생에게 부임 인사를 하고 교무실에서 선배교사들에게 인사를 했다. 그리고 서무실에서도 신임인사를 했다. 그 때 서무부장이 나를 불러

"선생 혹시 김광일씨 자제가 아니오?"

나는 깜짝 놀랐다. 고개를 들고 보니 우석선생님이셨다. 참으로 반가운 분이셨다. 책상 앞의 명패는 사무관 이복순이었다.

"아, 선생님 이 학교에 계신다는 걸 몰랐습니다. 참으로 반갑습니다."

"춘부장께서는 편안하신가?"

"지금 병석에 누워 계십니다."

"아이고 저런, 한번 찾아가 뵌다는 게 실기 했네. 불원간 문병 해야겠군."

"축하하네. 내 딸도 본교 2학년에 재학 중이네. 잘 부탁하네. 이양근이야."

"아 그렇습니까? 찾아보겠습니다."

"내가 주었던 돌확 지금도 간직하고 있던가?"

"그럼요. 아버지께서 가보라고 애지중지 하고 계십니다. 얼마나 닦았던지 번들번들 윤이 난답니다."

내가 첫 부임을 하던 날 애석하게 나의 선친은 타계하셨다.

돌확, 그렇다 그 후 몇 십 년이 흘렀다. 이양근 시인의 시집 원고 중에 '돌확의 계절'이 있어서 눈여겨 읽었다. 이양근 시인 선친이 소달구지꾼을 데리고 오셔서 우리 아버지께 드렸던 돌확을 생각하면서 읽었다.

거친 돌확 속
작은 연못 속에 일상이 있다.

고풍스런 마당가
작은 연못 속 수련이
영롱한 색깔로
환하게 밝혀주고 있다.

돌확 속 연못엔
홍련 백련 황련의
사계절이 있다.

작은 우주인양
맑은 정화수 가득 담아 놓고
사시사철
해와 달과 별을 맞이한다.

때로는 바람을 불러
세월을 보낸다.
그 작은 연못
송사리 미꾸라지 우렁이와
정답게 사는
청개구리의 공화국
나뭇잎 더불어 떠나는 가을을
차마 붙잡지 못하고

동면하는 계절을 준비한다.

— 〈돌확의 계절〉 전문

이양근 시인의 선친이 혈기 왕성할 때 우리 집 마당가에 돌확을 갖다 놓던 시절, 이양근은 어린아이였을 것이다. 이 이야기를 어느 누가 알려 줄 이가 없고 지금 처음 듣는 이야기일 것이다. 그런데 이양근은 60여년 흘러간 일을 깨닫고 있다. 신령의 조화인가. 돌확 안에서 하늘을 보고 해가 뜨면 해를 보고 달이 뜨면 달을 보고, 별을 보며 천지만물의 생성을 본다. 시인의 눈에 보이는 것은 하찮은 미물도 평화를 구사하는 영원성이 나타난다. 시심은 영감이다. 영감 안에는 꽃이 피고 바람이 있다. 꽃이 피는 계절의 환희 속에 송사리 우렁이 같은 미물도 등장하여 제 나름의 영혼과 생명이 교감하고 있다. 몇 줄 되지 않는 글 속에 이토록 방대하면서 세밀한 구석까지 파헤친 기교는 참으로 신비롭다.

내가 첫 부임을 하던 날 인사를 마치고 교무실에 들어가니 교무주임이 내 수업시간표를 주었다. 첫날 첫 시간이 2학년 여학생 반 이었다. 나는 내 소개를 하고 수업에 임했다.

"이양근 학생 교과서 첫 페이지를 읽어요."

그 학급 학생들이 뜻밖인 듯이 조금 놀라운 기색을 하고 있었다. 나는 우석 선생님의 말씀을 듣고 이름을 알고 있었을 뿐 한 번도 본적이 없는 초면이었다. 우석 선생님의 말씀을 듣고 관심을 두었을 뿐이다. 예쁘고 얌전하게 생긴 얼굴이었다. 장래 유명한 시인이 될 이양근과의 첫 만남이었다. 방과 후에는 특별활동 시간이었다. 3학년은 졸업준비로 참가하지 않아 2학년 학생이 반장을 해야 했다. 문예반장은 남학생 유영국이었고 부반장은 이양근이 맡게 되었다. 두 사람은 장래 한국문단의 주요 문인이 되었다. 반장 유영국은 대학에 진학하여 고등학교 교사가 되었다가 수필가로 등단하고 부산국제신문사가 주최하는 우리나라 최고액인 상금 1억원 장편소설에 당선되어 명성을 떨쳤다. 부반장 이양근은 월간 한국시지에서 등단한 후 곧 이어 한국시문학대상과 노산 문학상을 수상했다.

나는 대학 시절 과수원 문학 동인회에서 활동한 경험으로 학생들을 지도 했다. 어느 때는 문예반 학생들을 인솔하고 과수원에 가서 즉흥시를 쓰게 하고 학생시집 과수원을 발간하기도 했다. 시동인지 '시순' 산문집 '신록원'도 여러 권 발간하고 미술교사 홍건직 선생께 부탁하여 시화전을 열고 전교생의 극찬을 받았었다. 한때는 군산을 대표하는 시인 이병훈 선생, 김신웅 선생, 정윤봉 선생을 초빙하여 문학 강연회와 시낭송회도 열었었다. 이때 이양근 선친의 적극적인 후원을 받았다.

우수작품을 모아서 만든 학생시집 '시순' 은 전교생에게 배부하고 각 학교 도서관에 기증하여 각광을 받았다. 광주에서주최한 호남 백일장대회에서 내가 인솔한 군산사범학교가 우승기를 받아 왔고 이양근이 장원했다. 또한 이양근은 월간 학생잡지 '학원' 지에 작품을 투고하여 입상도 했다. 우리나라 시단의 거두인 박두진선생의 극찬과 격려 편지도 받은 일이 있다.사실인즉 문단 데뷔였다. 그러나 이양근은 교직생활 중 인사원칙에 의하여 타시인 익산군으로 근무지가 바뀌는 바람에 휴면기가 있었다.

이양근 시인의 건필과 문운을 기원하며 서두에서 말했듯이 시는 내 전공 분야가 아니어서 그의 시를 해설하지 못해서 불비망언다사 한다.

이양근 시집
돌확의 계절

인쇄 : 2010년 12월 10일
발행 : 2010년 12월 16일

지은이 : 이 양 근
펴낸이 : 서 정 환
펴낸곳 : 신아출판사

등　록 : 1984년 8월 17일 제28호
주　소 : 전주시 완산구 태평동 251-30
전　화 : (063) 275-4000, 252-5633
E-mail : sina321@hanmail.net

값 9,000원
ISBN 978－89－5925-797-3 03810

* 이 책은 전라북도 문예진흥기금을 지원 받았습니다.